Komm mit!
Geh mit uns durch dieses Lernbuch.

Dieses a-o-m-Lernbuch handelt von Anlauten, Reimen, Bandwurmwörtern und Tiernamen. Es handelt von langen und kurzen Selbstlauten, von Wortfamilien und davon, was man damit alles machen kann.

Was du für die Arbeit mit diesem Lernbuch wissen musst:
Du wirst **rote**, **grüne** und **blaue** Seiten finden.
Sie alle haben ihr Zeichen:

Am Anfang steht immer eine Übersicht. Du kannst dort deine fertigen Seiten abhaken. Du kannst auch ankreuzen, ob die Aufgaben dir leicht oder schwer gefallen sind.

Seite	Überschrift	fertig	leicht	schwer	
3 4	Fälschungen finden und Logos sammeln	✓	○	✗	✎

Am Ende stehen immer Aufgaben auf „Das-kann-ich-schon-Seiten".
Damit kannst du prüfen, was du schon alles gelernt hast.

© verlag für pädagogische medien (vpm), 2010.

Manche Seiten musst du falten, manche gegen das Licht halten.

Wir beginnen mit den **roten** Seiten. Die Aufgaben auf diesen Seiten helfen dir, auf die einzelnen Buchstaben zu achten. Manchmal vergisst man ja welche. Und auch die Reihenfolge ist wichtig. TOR ist ja was anderes als ROT.

Ein Beispiel:

 Setze den passenden Buchstaben ein.

 der H_hn   das H_hn

Viel Erfolg wünschen dir
Heiko Balhorn und Inge Büchner

Pause!

⭐ Male neben die Zeichen das richtige Gesicht.

nutella ☺

⭐ Ich habe _____ Fälschungen gefunden.

Sag mal Postbote ohne „O".

Briefträger

© verlag für pädagogische medien (vpm), 2010.

Jetzt du ➔

 Suche noch mehr Logos und klebe sie hier auf.

Welcher Biss tut keinem weh?

 **Ergänze die Buchstaben.**

Klassensprecher

Jeans

Silvester

Handball

Flugplatz

Fernseher

Schulleiter

Pony

Schatz

Apotheke

Äh... aber das ist nur eine halbe Portion...

IMB

der Imbiss

Liebling

© verlag für pädagogische medien (vpm), 2010.

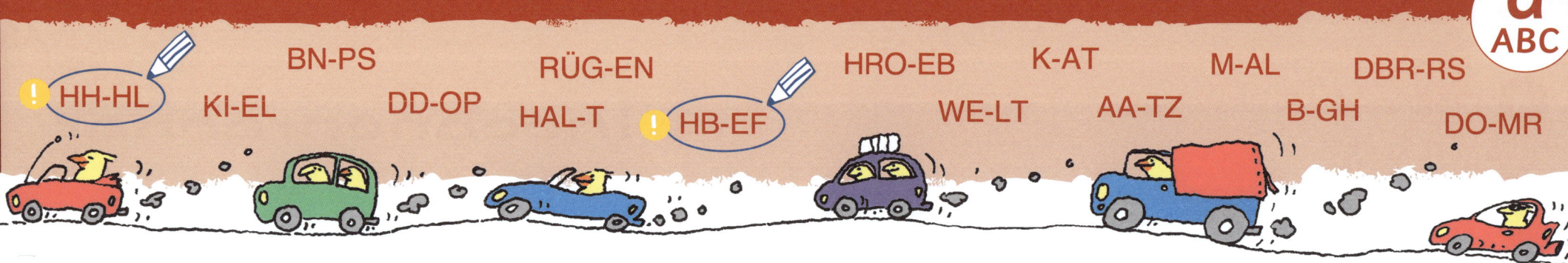

⭐ Ordne die Auto-Kennzeichen aus der Fundgrube.

Viele Auto-Kennzeichen bestehen nur aus diesen Elementen:

Kennzeichen mit **nur** gerade Elementen:

❗ <u>HH-HL</u>

Andere Auto-Kennzeichen haben auch diese Elemente:

Kennzeichen mit runden **und** geraden Elementen:

❗ <u>HB-EF</u>

Übungswörter

der Kno**ch**en ❗  _der Knochen_

das Li**ch**t  das L_____

das Lo**ch**  das L_____

das Bu**ch**  das B_____

der Bau**ch**  der B_____

hier falten

★

ich

das L**ich**t

d____t

der D____ter

die Ges____ter

Ich bin ich. Nein, du bist du. Ach...

★

D			C	H	

⭐ Mehrzahl

⚠️ **zwei _Knochen_** ✏️

zwei _____

viele _____

zwei _____

drei _____

🅛🅞

zwei Knochen

zwei Lichter

viele Löcher

zwei Bücher

drei Bäuche

⭐ Reime

der Dichter

kochen

die Tücher

der Köcher

die Schläuche

Übungswörter

die M**Ö**WE

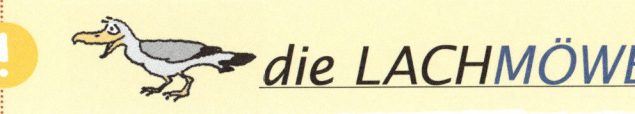

die LACH**MÖWE**

der W**U**R**M**

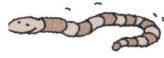 der REGEN

der HA**M**STER

 der GOLD

die M**EISE**

 die A

der W**AL**

 der BLAU

	1	2	3	4	5	6

Lö

© verlag für pädagogische medien (vpm), 2010.

Male dem →
einen Mund.

Male dem →
einen Arm.

Male dem →
eine Mütze.

Male dem →
ein Maul.

Male dem →
einen Stamm.

⭐ Mehrzahl

❗ 2 Möwen ✏️

2 _____

2 _____

2 _____

2 _____

🔶 Lö

2 Möwen

2 Würmer

2 Hamster

2 Meisen

2 Wale

⭐ Dreh-Wurm
Schreibe beide
Wörter.

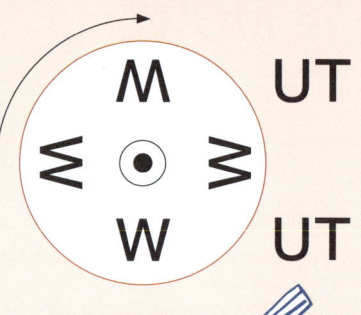

M UT
Ɯ ⊙ W
W UT

der MUT ✏️

die _____

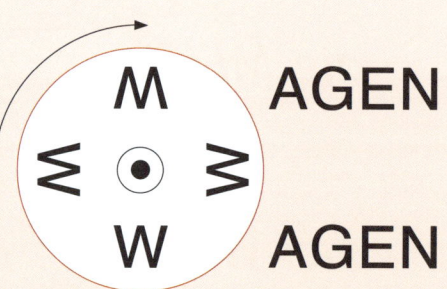

M AGEN
Ɯ ⊙ W
W AGEN

der _____

der _____

© verlag für pädagogische medien (vpm), 2010.

a

ABC

Welche Meise hat keine Federn?

⭐ Setze die Selbstlaute ein.
Welche Namen passen nicht? Kreise sie ein.

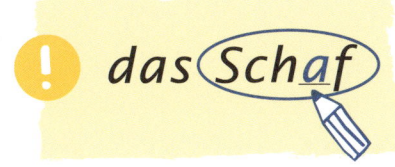

! das Schaf

das Fl_sspferd   das Käng_r_   die L_rch_   das R_h

der P_del   der F_chs   der P_likan   die H_nn_

der Kakad_   das P_ny   die _id_chs_   der H_hn

der P_ma   der H_nd   der S__st_rn   der _lch

die M_schel   der W_rm   die _lst_r

der Jag_ar   der _h_   der _l_fant   der H_cht

die K_h   die E_le   der _s_l   die W_sp_

© verlag für pädagogische medien (vpm), 2010.

die Ameise

⭐ Setze die Selbstlaute ein.
Welche Namen passen nicht? Kreise sie ein.

❗ der (Kiwi)

das K_lb   der K_ter   der Fl_h   der Fr_sch

der H_hn   der F_lke   der B_xer   die K_bra

der _ffe   der R_be   das Nash_rn   die D_gge

die N_chtig_ll   der _sel   das P_ny   die R_bbe

der Schw_n   der St_r   der St_rch   der W_lf

die K_tze   der W_l   der G_ldfisch   der M_lch

der D_ckel   der P_vi_n   die Kreuz_tter   die Sp_nne

die _msel   der M_rder   der Ziegenb_ck   das Kr_k_dil

⭐ Setze die Selbstlaute ein.

❗ *D**ie** N**a**d**e**l s**a**gt*
*z**u**m L**u**ftb**a**ll**o**n:*

ie – a – e – a – u – u – a – o

_ch w__ß __n
l_st_ges Schnettereteng.

I – ei – ei – u – i

„D_ b_st r_nd
_nd _ch b_n sp_tz.

u – i – u – u – i – i – i

J_tzt m_ch_n w_r
b__de __nen W_tz.

e – a – e – i – ei – ei – i

_ch m_che p_ck
_nd d_ m_chst p_ng.“

I – a – i – u – u – a – e

Mit welcher Nadel kann man nicht nähen?

mit der Kompassnadel

 ! die N**a**cht

der Dr**a**che

das K**a**nu

das L_cht

die G_raffe

 der P_lz

die T_be

der M_nd

 der H_nd

 der H_lm

das H_md

das H_rz

der M_nd

die N_te

die D_se

⭐ au, ei und eu

der D__men

die Kr__de

die B__le

 Meine Wörter mit:

__a	__e	__i	__o	__u

Selbstlaute finden

 Schreibe immer zwei Selbstlaute.

! **Lama**

Sp_g_t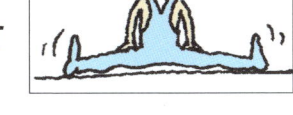

P_nd_

F_ngerr_ng

_mb_ss

G_ftp_lz

P_m_ckl

St_rmfl_t

P_stebl_me

 **Au/au** oder **ei** ?

K_rz_

St_mp_l

G_sp_nst

R_ll_

_tt_

J_-J_

__fl__f

St__bs__ger

Sp__se__s

Zahnrad sap

Jetzt du →

Wörter bilden

 ⭐ Suche Wörter mit:

zwei a: *Krachmacher,*

zwei e: *Scherzkeks,*

zwei i: *igitt!*

zwei o: *Dosenöffner,*

zwei u: *Zuckerhut,*

Wörter in Wörtern 1

⭐ Finde die Namen.

❗ der Dach**ziegel**: *die Ziege*

der D**reh**stuhl: <u>das _____</u>

das **Eig**elb: <u>der _____</u>

der **Kaffe**e: <u>der _____</u>

die **Beul**e: <u>die _____</u>

das Bullauge: _____

heute: _____

die Klingel: _____

⭐ Findest du die Maus im Haus?

HAUS
HAUSHAUS
HAUSHAUSHAUS
HAUSHAUSHAUSHAUSHAUS
HAUSHAUSHAUSHAUS
HAUSHAUSHAUSHAUS
HAUSHAUSHAUSHAUS
HAUSHAUSHAUSHAUS
HAUSHAUSHAUSHAUS
HAUSHAUSMAUSHAUS
HAUSHAUSHAUSHAUS

⭐ Verstecke auch etwas:
ein Loch im Strumpf oder
einen Wurm im Apfel …

Was ist das denn?

Blumento-Pferde.

Welche Pferde leben in Töpfen?

die Blumento-Pferde

a
ABC

⭐ Finde Wörter in diesen Wörtern.

❗ das Lastauto: die Last, der Stau, der Ast ✏️

die Automaten: die _____

der Posteingang: _____

der Postausgang: _____

die Geschwindigkeit: _____

das Kaufhaus: _____

der Samtanzug: _____

die Ameise: _____

⭐ Findest du den Riesen im Haus?

EV
EVEV
EVEVEV
EVEVDEVEVEVEV
EVEVEVEVEV
EVEVEVEVEV
EVEVEVEVEV
EVEVEVEVEV
EVEVEVEVEV
EVEVEVEVEV
EVEVEVEVEV

🟠 Auf Türkisch heißt Riese „dev" und Haus heißt „ev"

⭐ Verstecke auch ein Wort.
Frag mal nach anderen Sprachen.

Zum Beispiel: Wurm im Apfel
türkisch: kurt elmada
englisch: worm in apple

Verben: Was Kinder tun

lesen   kleben   singen   schwimmen

lernen   schreiben   malen   rechnen   turnen

⭐ **Findest du die Wörter?**

⚠️

L	E	R	N	E	N	F	T	Z	S
D	S	W	A	V	S	T	R	F	C
S	C	H	R	E	I	B	E	N	H
K	X	Y	M	B	N	F	C	S	W
L	C	W	Y	R	G	R	H	Q	I
E	Ö	Ä	M	Z	E	G	N	H	M
B	C	W	A	Z	N	T	E	V	M
E	N	M	L	E	S	E	N	L	E
N	Z	W	E	P	D	B	E	F	N
T	U	R	N	E	N	M	Y	W	R

⭐ **Schreibe sie auf:**

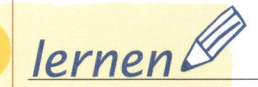

⚠️ *lernen*

Eine Wörterschlange
bilden

© verlag für pädagogische medien (vpm), 2010.

Zopf

 Bad

 Dach

Fahrt

Interview

Nuss

Leiter

Mama

Yacht

Gummi

Engel

Harke

Kamm

Trick

okay

Regen

Abkürzung

wo

Salz

 Stab

★ Der letzte Buchstabe eines Wortes
soll der erste des nächsten Wortes werden.

! Hier ist schon mal der Anfang:

Stab – Bad – Dach – H

★ Baue nun deine Wörterschlange.

★ Wörterschlange mit ganzen Wörtern:

! *Fußball – Ballspiel – Spiel*

Knochen – Nudel – Liebe – Erdversteck – Kuss – Schuft – Traum – Mond – Dieb – Boa – Ahnung – Gärtner – Ruck

Das Brot und der Korb

⭐ Finde die Übungswörter.

A	B	R	I	E	F	N	I	P
S	U	T	P	R	A	O	P	R
D	R	P	R	I	N	Z	R	O
F	K	Q	O	N	U	N	E	F
G	O	W	E	G	S	A	I	E
H	R	E	E	T	P	S	S	S
J	B	R	S	P	O	I	O	S
K	Z	T	S	A	R	L	B	O
L	B	R	O	T	T	N	O	R

⭐ Welche passen wo?

Pr	rt
Br	rb

das ☐ ot

der ☐ ief

der ☐ inz

der ☐ eis

der Ko ☐

der ☐ ofessor

der Spo ☐

hier falten

21

⭐ **Ergänze.**

❗ das *Brot* messer

die   marke

der Märchen

die   verleihung

der Draht

der Mathe

die Sport

⬤Lö ⭐ **Diese passen hier –
auch in der Mehrzahl.**

die   **Br** **ot** **e**

die   **Br** **ief** ☐

die   **Pr** **inz** ☐

die   **Pr** **eis** ☐

die **Kö** **rb** ☐

die   **Pr** **ofessor** ☐

die **Spo** **rt** **art** ☐

Teekesselwörter

⭐ Finde die 7 Übungswörter.

T	F	B	E	B	P	C	L	K
A	X	I	N	A	G	U	B	A
F	J	R	A	N	H	X	L	M
E	Q	N	G	K	B	L	A	O
L	C	E	E	O	S	X	T	B
B	R	I	L	L	E	V	T	L
B	O	X	E	R	A	O	X	A
L	R	N	A	B	M	J	K	H

hier falten

⭐ Setze die Selbstlaute ein.

die T [ ] fel

die B [ ] rne

die Br [ ] lle

das Bl [ ] tt

der B [ ] xer

der N [ ] gel

die B [ ] nk

⭐ Bilde die Mehrzahl.

❗ die *Tafeln*

_____

_____

_____

_____

_____ , die *Banken*

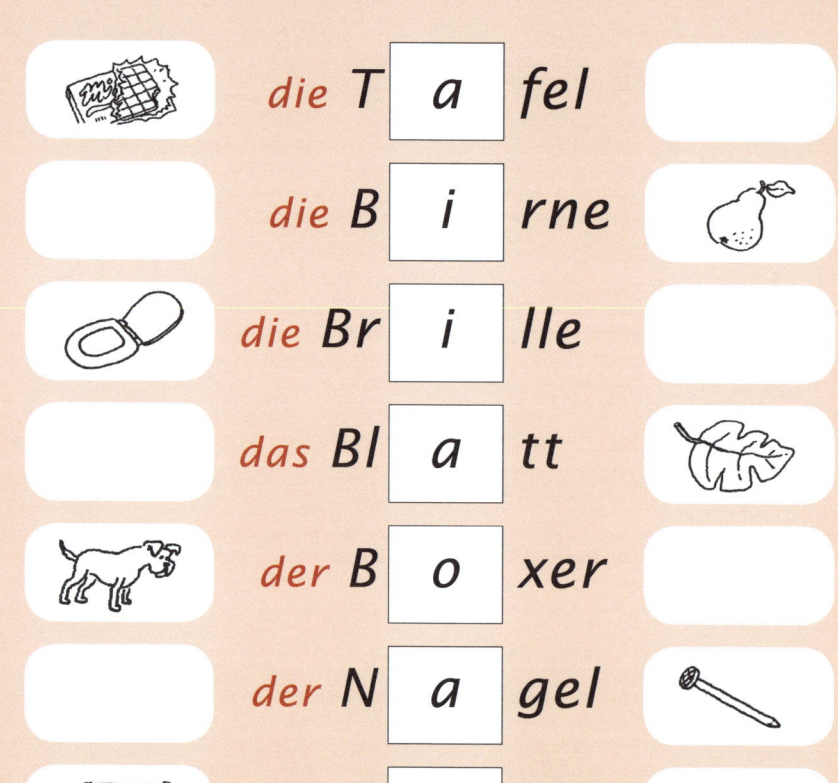

Lö So ist es richtig:

die T [a] fel

die B [i] rne

die Br [i] lle

das Bl [a] tt

der B [o] xer

der N [a] gel

die B [a] nk

© verlag für pädagogische medien (vpm), 2010.

Setze die Buchstaben ein.

 *Ich heiße Fritz,*
unser Hund heißt Spitz,
Miezekater unser Kater.

Papa heißt Pa ___ ___.

Mama heißt Ma ___ ___.

Meine Schwester heißt Ottil ___ ___.

Das ist unsere ganze Famil ___ ___.

Wir hätten noch gerne eine K ___ ___
und ein Pferd da ___ ___.

Der Bruder von Ottilie heißt

___ ___ ___ ___.

Die Familie hat schon zwei Tiere,

einen ___ ___ ___ und einen ___ ___ ___.

Mama   Papa   Ottilie   Fritz   Miezekater   Hund   Pferd   Kuh

 Fragen an dich:

Ottilie hat einen Papa und

Fritz hat einen Papa.

Wie viele Papas gehören zur Familie?

_____

Wie heißt die Katze der Familie?

_____

Die Familie möchte noch mehr

Tiere haben. Sie hätte gerne

_____

Aus welchen Gläsern kann man nicht trinken?

aus den Brillengläsern

a ABC

Jetzt du →

Scherzfragen

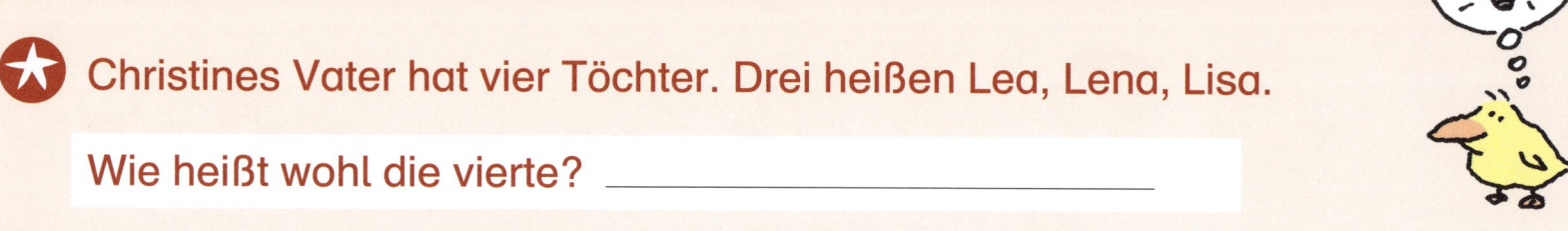

★ Christines Vater hat vier Töchter. Drei heißen Lea, Lena, Lisa.

Wie heißt wohl die vierte? _____

★ Magst du auch eine solche Scherzfrage aufschreiben?

★ Vorschlag: Macht aus den Scherzfragen ein Buch für die Klasse.

★ Bilde die Du-Form.

! du | r | u | f | s | t

du

du

du

du

du

du

 **★** a-e-i-ei-u – aber wo?

sie **r** ☐ **ft**

er **s** ☐ **gt**

er **pf** ☐ **ft**

sie **s** ☐ **ngt**

er **l** ☐ **cht**

sie **w** ☐ **nt**

er **d** ☐ **nkt**

hier falten

 Schreibe die Wir-Form.

! *wir rufen* ✏

wir _____

wir _____

wir _____

wir _____

wir _____

wir _____

 **Lö** So stimmt es:

sie r **u** ft

er s **a** gt   Bla Bla Bla

er pf **ei** ft

sie s **i** ngt

er l **a** cht

sie w **ei** nt

er d **e** nkt

 Finde die Übungswörter.

A	L	D	M	A	B	D	F	F
B	F	Q	I	R	S	T	U	O
C	A	W	S	X	R	T	Z	R
K	U	S	C	H	E	L	N	S
D	C	F	H	G	H	N	D	C
F	H	W	E	K	O	A	F	H
G	E	V	N	F	R	G	T	E
H	N	Z	I	S	C	H	E	N
I	Z	G	T	E	H	A	W	Q
R	A	S	C	H	E	L	N	W
K	D	V	N	V	N	E	R	T

 **ch** oder **sch**?

ku [ ] eln

ra [ ] eln

mi [ ] en

fau [ ] en

zi [ ] en

hor [ ] en

for [ ] en

hier falten

★ Schreibe, was sie tun: er, sie oder es.

! *er kuschelt* ✏

es r

sie m

sie

sie

er

sie

He, ihr Kuscheltiere!

Wir sind Kuschelblumen...

Lö 2-mal **ch** und 5-mal **sch**

ku | sch | eln

ra | sch | eln

mi | sch | en

fau | ch | en

zi | sch | en

hor | ch | en

for | sch | en

a ABC

⭐ Setze die Selbstlaute ein.

❗ Der Dackel soll nicht betteln, wenn wir essen. Und er bettelt doch.

e – a – o – i – e – i – e – U – e – o

_r s_ll n_cht b_ddeln, w_nn w_r _m W_ld s_nd. _nd _r b_ddelt d_ch.

E – o – i – u – e – i – i – a – i – U – e – u – o

_r s_ll n_cht b_llen, w_nn Bes_ch k_mmt. _nd _r b_llt d_ch.

E – o – i – e – e – u – o – U – e – e – o

_r s_ll n_cht _uf d_m S_fa l_egen. _nd _r t_t _s d_ch. N_emand _st _hm b_se.

E – o – i – a – e – o – i – U – e – u – e – o – i – i – i – ö

Ach, wäre ich doch ein D_ckel!

Welches Auge kann nicht sehen? Das Katzenauge am Fahrrad

Jetzt du →

Sätze bilden

 Was darf der Dackel nicht?

 Er darf nicht betteln.

Tauben ärgern soll er auch nicht.

Und

Was darfst du nicht?

Und tust du es manchmal doch?

Schwester und Bruder:
Wie klingt -er?

⭐ Findest du die Übungswörter?

B	N	K	O	E	R	V	P	O
S	C	H	W	E	S	T	E	R
E	R	Z	C	A	U	O	N	M
B	O	P	A	L	M	C	K	K
R	I	E	R	T	U	H	B	I
U	J	N	O	W	T	T	A	N
D	G	H	M	A	T	E	L	D
E	E	V	A	T	E	R	A	E
R	B	N	D	G	R	H	L	R

⭐ Wie klingen die Endungen? Wie schreibst du sie?

die Schwest ☐

der Brud ☐

der Vat ☐

die Mutt ☐

die Kind ☐

die Om ☐

der Op ☐

    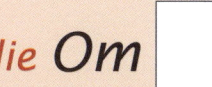   

hier falten

© verlag für pädagogische medien (vpm), 2010.

33

★ Schreibe die Übungswörter.

! *die Kranken*schwester

der Halb

der Stief

die Groß

die Königs

die Ur

der Lieblings

Lö Sie klingen am Ende wie *a*.
Du schreibst er .

die **Schwest** er

der **Brud** er

der **Vat** er

die **Mutt** er

die **Kind** er

die **Om** a

der **Op** a

© verlag für pädagogische medien (vpm), 2010.

Nester und Blätter:
Wörter mit -er

Übungswörter		Reime

die Nest**er**

  die Nester _____

die Blätt**er**

  die _____

die Würm**er**

  die _____

die Brett**er**

 die _____

die Kasp**er**

  die _____

hier falten

⭐ Reime

das Nest – das F _____

das Blatt – sie ist s _____

der Wurm – der T _____

das Brett – das B _____

der Kasper – der L _____

© verlag für pädagogische medien (vpm), 2010.

⭐ **Reime auf -er.**

❗ der Sprecher –
der Becher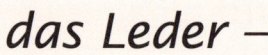

der Rächer –
der F _____

das Leder –
die F _____

der Fänger –
der S _____

der Springer –
der R _____

⭐ **Bilde die Einzahl.**

❗ das Nest

das _____

der _____

das _____

der _____

🔶 **Lö**

das Nest

das Blatt

der Wurm

das Brett

der Kasper

⭐ **Findest du den Kuschelknochen in der Knochensammlung?**

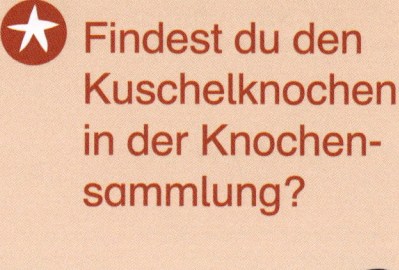

⭐ **Findest du das Loch im Strumpf?**

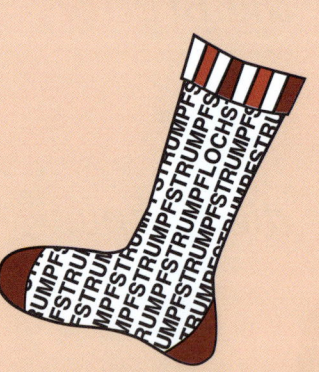

© verlag für pädagogische medien (vpm), 2010.

⭐ Schreibe 7 Wörter.

T					

L					

B			

B				

Z				

H			

W				

7 Wörter: ☐ Treffer

⭐ Schreibe 9 Tiernamen.

	1	2	3	4

9 Wörter: ☐ Treffer

ABC

Prüfe Buchstabe für Buchstabe.

die
| T | O | M | A | T | E |

die
| L | E | I | T | E | R |

das
| B | R | O | T |

die
| B | L | U | M | E |

das
| Z | E | B | R | A |

das
| H | E | R | Z |

die
| W | U | R | S | T |

hier falten

★ Vier rote Aufgaben

A) Schreibe die andere Hälfte.

Nashorn   Krokodil

Maulwurf   Pelikan

4 Wörter: ☐ Treffer

B) „ch" oder „sch"? Streiche durch, was nicht geht.

das Wo [ch/sch] enende

der Bienensti [ch/sch]

das Ku [ch/sch] eltier

der Bu [ch/sch] stabe

4 Wörter: ☐ Treffer

C) Finde Wörter in Wörtern.

LEITER: _____

KRINGEL: _____

TINTENKLECKS: _____

KISSENSCHLACHT: _____

4 Wörter gesucht: ☐ Wörter gefunden

D) Vertausche die Selbstlaute.

das Kutzenfatter: _____

das Rasenried: _____

die Relltroppe: _____

der Faßbull: _____

9 Selbstlaute vertauscht: ☐ Wörter geschrieben

© verlag für pädagogische medien (vpm), 2010.

Alle deine Treffer zusammen: ☐

O! Jetzt kommen die **grünen** Seiten mit O-Aufgaben.

Ihr Zeichen
sieht so aus:

O ist die Abkürzung von **O**rthografie.
Das heißt Rechtschreibung.

Das sind die ‚springenden Punkte':
Sie zeigen dir die ‚besonderen Buchstaben'.
Um die geht es in den **grünen** O-Aufgaben.

Wenn du die besonderen Buchstaben bemerkst,
kannst du sie dir besser merken.
Du vergisst sie nicht so leicht.

Wir stellen dir hier besondere Buchstaben vor:

1. Zwillinge sind **Kürzezeichen**.
   Sie zeigen an, dass der Selbstlaut davor
   kurz gesprochen wird.
   Beispiele: *der Ball; die Klasse.*
   Merkst du, die Selbstlaute sind kurz,
   wenn dahinter Zwillinge stehen.

2. Auch die **Längezeichen** sind
   besondere Buchstaben.
   Beispiele: *die Zahl, sieben, das Meer.*

3. **Sp** und **St** sind auch besondere Buchstaben.
   Du merkst das, wenn du diese Wörter vorliest:
   der Spatz, der Stempel.

4. Das **V** ist ein besonderer Buchstabe.
   Er ist selten und klingt meistens wie ein **F**.

5. Ganz besondere und ganz seltene Buchstaben
   sind das **X**, das **Y** und das **Q**. Das X und das Y
   stehen fast am Ende des Alphabets.
   Man braucht sie kaum.
   Wenn man aber eine Geschichte über ein
   Hexenbaby schreiben will, dann ist es gut,
   die beiden zu kennen.

! Auf der Rückseite findest du eine Übersicht:
Sie zeigt alle **grünen** Seiten.
Du kannst sie abhaken.
Du kannst auch ankreuzen, ob sie dir leicht
oder schwer gefallen sind.

Pause!

brauchen
rauchen
Taucher
Schlauch
zeichnen
Zeichen

leicht
schleichen
gleichen
fauchen
schmeicheln
reichen
jauchzen
hauchen
Weiche

Strauch

⭐ Ordne die Wörter aus der Fundgrube ein.

(auch)

eich

❗ *Taucher*

leicht

⭐ Deine Wörter mit

(auch) oder eich

❗ 1. *das Eichhörnchen*

2. _____

3. _____

4. _____

5. _____

6. _____

7. _____

8. _____

⭐ Lies halblaut immer im Wechsel: einmal links und einmal rechts. Merkst du was?

Jetzt du →

Kannst du das lesen? 8ung! Es kr8 heut' N8 mit M8 im Sch8.

Wörter mit ch

⭐ Finde Wörter mit *ch*.

a	e	i	o	u
❗ *das Dach* ✏️				

⭐ Bei welchen Selbstlauten klingt *ch* „hart" und bei welchen „weich"?

hart: _____ _____ _____

weich: _____ _____

Der Turm im Sturm

⭐ Wie viele Wörter findest du?

L	B	P	O	M	F	S	G	X	I
S	T	A	U	L	S	T	U	B	E
T	A	Q	W	T	B	U	J	Ö	X
R	U	S	A	S	F	R	Q	Y	M
E	U	S	S	T	E	M	P	E	L
I	Z	S	T	R	E	I	F	E	N
F	U	E	J	K	S	L	B	C	X
E	R	M	P	S	T	I	E	R	B
N	R	P	S	T	R	U	M	P	F

hier falten

⭐ TURM – STURM

der ☐ **TURM**

die ☐ **TUBE**

der ☐ **TEMPEL**

der ☐ **TAU**

der ☐ **TIER**

der ☐ **RUMPF**

der ☐ **REIFEN**

⭐ Schreibe die Übungswörter.

❗ *der Herbststurm*

die Wohn _____

die Tier _____

der Fahrzeug _____

der _____ kampf

der Knie _____

der _____ wagen

Echt stark!

🔵 **TURM – STURM**

der | S | TURM

die | S | TUBE

der | S | TEMPEL

der | S | TAU

der | S | TIER

der | ST | RUMPF

der | ST | REIFEN

© verlag für pädagogische medien (vpm), 2010.

SP stellt sich vor

⭐ Hier kannst du 14 Übungswörter finden.

A	S	P	R	I	N	G	E	R	L
E	F	S	P	E	I	S	E	N	D
G	R	S	A	H	N	O	R	T	Q
S	P	R	U	D	E	L	U	S	O
P	S	P	R	I	T	Z	E	P	A
O	R	Y	E	I	S	E	N	E	R
R	T	A	L	C	B	C	D	N	M
T	A	B	C	H	E	F	G	D	U
Z	D	S	P	E	I	C	H	E	P

⭐ Setze **SP** ein.

☐ *EICHE*

☐ *RUDEL*

☐ *EISEN*

☐ *ENDE*

☐ *ORT*

☐ *RINGER*

☐ *RITZE*

hier falten

⭐ Reime mit den 7 Übungswörtern.

❗ die *Eiche*   die *Speiche* ✏️

Lö Wörter mit **SP**.

SP │ *EICHE*

SP │ *RUDEL*

SP │ *EISEN*

SP │ *ENDE*

SP │ *ORT*

SP │ *RINGER*

SP │ *RITZE*

© verlag für pädagogische medien (vpm), 2010.

Achte auf die Länge und Kürze der Selbstlaute.

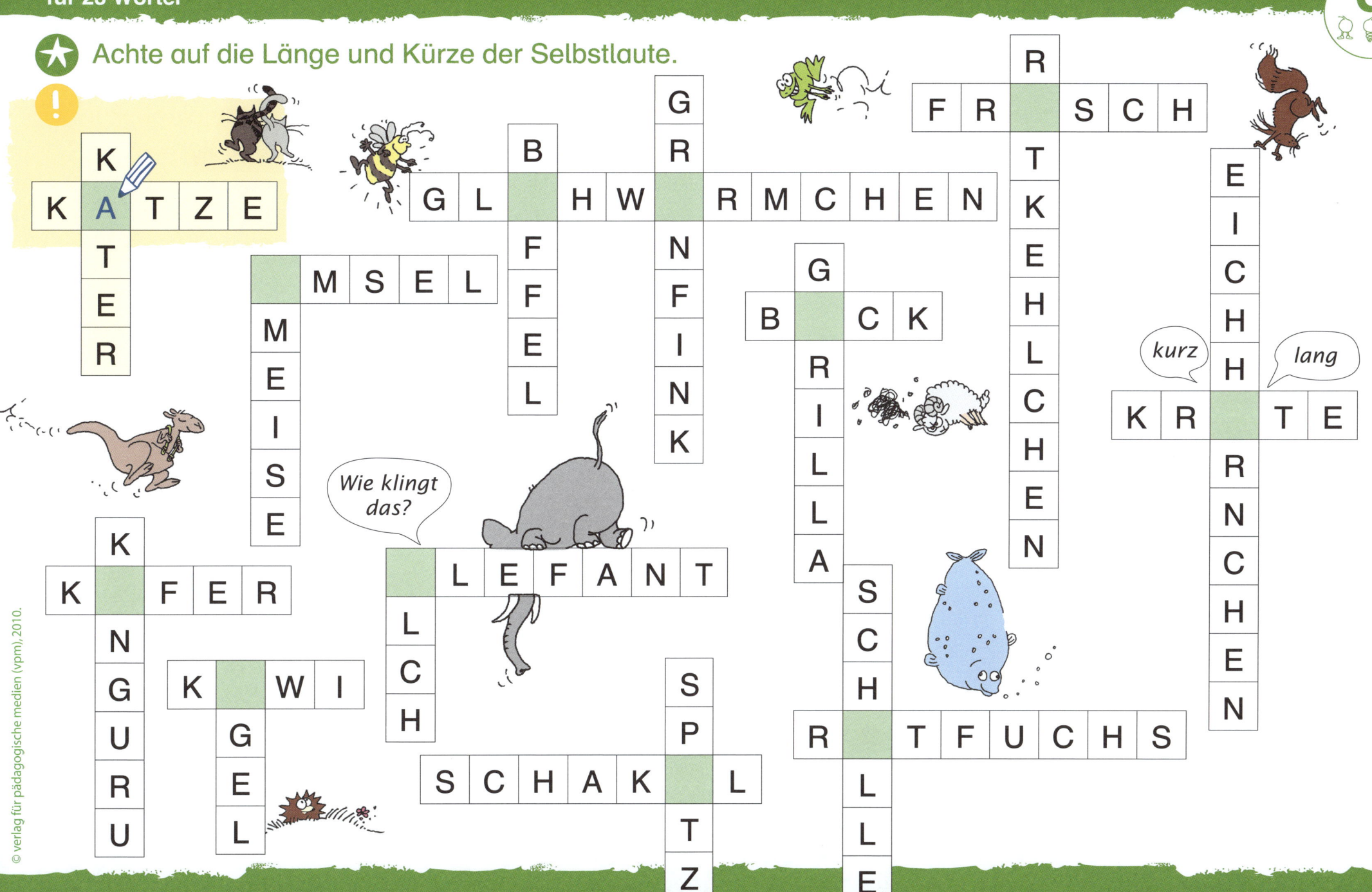

Wie klingt das?

kurz

lang

Was ist das Gegenteil von Ostern? Western

Reime mit a und ü

⭐ Reime mit a.
Schreibe den Reim. Mache einen Strich unter die langen Selbstlaute.

❗ *Er traf ein Sch**a**f.*

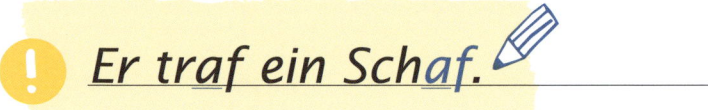

im Hafen schl _____

der Kater wird V _____

der Hagel – der N _____

der Magen – der W _____

das Tal – der W _____

der Schäfer – der K _____

der Rasen und drei _____

⭐ Reime mit ü.
Schreibe den Reim. Setze einen Punkt unter die kurzen Selbstlaute.

❗ *das St**ü**ck – ein Gl**ü**ck*

 *die Br* _____ *e*

die L _____ *e*

sich dr _____ *en*

sich b _____ *en*

 *wir pfl* _____ *en*

der R _____ *en*

sich schm _____ *en*

Zwillinge
machen Selbstlaute kurz

⭐ Ergänze die Wörter.

! onn oder oll?

der Roller   die Tonne

der Poller   die Sonne

★ all oder ass?

die K___e   der W___

die M___e   der St___

★ eck oder ett?

der W___er   das W___er

der St___er   f___er

★ itz oder ill?

die Br___e   die W___e

die Gr___e   die S___e

⭐ Wie viele **oll**- und **ass**-Wörter findest du?

!

die Knolle	lassen
___oll	___ass
___oll	___ass
___oll	___ass
___oll	___ass
___oll	___ass

★ Reime liegen in der Luft.

die Gr___e   das Geb___

die ___ütz___   das ___äck___

die M___en   die Pl___e

die ___ück___   die ___ätz___

 Schreibe die Namen mit langen Vokalen nach rechts, mit kurzen nach links.

kurzer Selbstlaut

! *der Affe* ✏

_____

_____

_____

_____

_____

_____

der Aal

der Affe

der Adler

der Bär

der Büffel

der Biber

der Collie

die Dogge

der Dachs

der Esel

die Ente

der Floh

die Gans

der Hase

der Hund

die Kuh

langer Selbstlaut

! *der Aal* ✏

_____

_____

_____

_____

_____

⭐ Kucken Tiere mit langem Vokal immer nach rechts? ☐ ☐

　　　　　　　　　　　　　Ja　　Nein

© verlag für pädagogische medien (vpm), 2010.

Odd-man-out*:
Einer fliegt raus

⭐ ## Welches Wort passt nicht in die Reihe?

Löwe Tiger (Löwenzahn) Leopard

Es fällt heraus: Löwenzahn, weil es eine Pflanze ist.

Silber	Gold	Platin	Messing

Es fällt heraus: **Gold, weil es nicht zwei Silben hat.**

Grille	Hammel	Büffel	Biber

Es fällt heraus: **langer Selbstlaut**

lesen	sagen	küssen	reden

Es fällt heraus: **kurzer Selbstlaut**

Rose	Esel	Tulpe	Nelke

Esel fällt heraus, weil _____

_____

⭐ ## Wie du Odd-man-outs selber machen kannst:

3 Körperteile und 1 Kleidungsstück

Nase   Mund   Ohr   (Rock)

3 Einsilber und 1 Zweisilber

_____ _____ _____ _____

3 Zweisilber und 1 Einsilber

_____ _____ _____ _____

3 Wörter mit kurzem Selbstlaut und 1 Wort mit langem

_____ _____ _____ _____

Welches Jahr ist das kürzeste?

Neujahr – nur ein Tag

Jetzt du →

* Dies ist der englische Name für eine Suchaufgabe, die Klugheit erfordert und klug macht. Übersetzt heißt es etwa: „Einer fliegt raus."

Unsere Odd-man
und deine

⭐ Welches Wort passt nicht in die Reihe?

⭐ Welches Wort passt nicht in die Reihe?

Teller	Messer	Löffel	(Gabel)
geben	lesen	rennen	leben
Biber	Spinne	Wiesel	Tiger
Zug	Flug	Nuss	Blut
Wanze	Rabe	Spatz	Kalb
Zebra	Reh	Fink	Esel
fühlen	blühen	grüßen	küssen
Löwe	Floh	Dohle	Robbe

Zwillinge
sind besondere Kürzezeichen

⭐ Trenne in Silben.

! hoffen   hof – fen ✏️

treffen

rennen

kommen

retten

bestellen

klettern

⭐ Zwillinge: *ff, nn, mm, tt, ll*

sie **ho** ☐ **en**

wir **tre** ☐ **en** uns

beide **re** ☐ **en**

wir **ko** ☐ **en** mit

sie **re** ☐ **en** uns

wir **beste** ☐ **en**

er **kle** ☐ **ert**

hier falten

Schaffst du die DU-Form auch?

! du *hoffst*

du _____ dich

du _____

du _____ mit

du _____ uns

du _____

du _____

Ich hoffe, du weißt auch, wie du wieder runterkommst, Kleiner!

 Zwillinge an der richtigen Stelle.

sie **ho** | ff | **en**

wir **tre** | ff | **en** *uns*

beide **re** | nn | **en**

wir **ko** | mm | **en** *mit*

sie **re** | tt | **en** *uns*

wir **beste** | ll | **en**

er **kle** | tt | **ert**

⭐ Kannst du diese Formen auch?
Setze den springenden Punkt.

❗ *du stehst*

du g

ihr

du

du

ihr

du

hier falten

⭐ Wörter mit dem Längezeichen *h*.

du **st** ☐ **st**

er **g** ☐ **t**

sie **spr** ☐ **t**

es **gl** ☐ **t**

er **kr** ☐ **t**

sie **bl** ☐ **t**

er **r** ☐ **t**

⭐ Die WIR-Form kann dir helfen.
Kennzeichne die zweite Silbe.

❗ *wir ste-hen*

wir _____

wir _____

wir _____

wir _____

wir _____

wir _____

Wir sprühen wieder mal vor Ideen!

Lö So ist es gut.

du **st** | eh | **st**

er **g** | eh | **t**

sie **spr** | üh | **t**

es **gl** | üh | **t**

er **kr** | äh | **t**

sie **bl** | üh | **t**

er **r** | uh | **t**

Tierische Silben

⭐ Zähle die Silben.

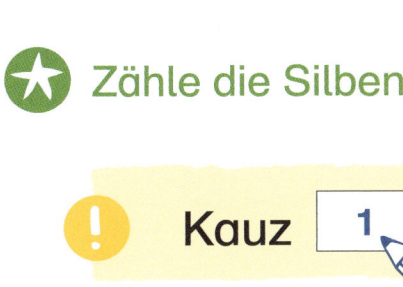

❗ Kauz	1
Kä fer	
Eu le	
Kra nich	
Ad ler	
Kän gu ru	

Hirsch	
Eichhörnchen	
Schildkröte	
Spitzmausnashorn	
Meerschweinchen	
Seepferdchen	
Alpensalamander	
Wasserschildkröte	

⭐ Mache einen Strich zwischen die Silben.

❗ Buch|fink	2
Rot fuchs	
Tin ten fisch	
Fle der maus	
Re gen wurm	
Schä fer hund	

Goldfisch	
Schneehase	
Stachelschwein	
Bernhardiner	
Siebenschläfer	
Riesenkänguru	
Wildkaninchen	
Königspinguin	
Silbenzähler	

Welcher Vogel versteht Spaß?

der Spaßvogel

© verlag für pädagogische medien (vpm), 2010.

Jetzt du →

⭐ Finde Wörter mit unterschiedlich vielen Silben.

Einsilber	Zweisilber	Dreisilber
❗ *Gold* 🖊		

Quartettwörter
haben vier Silben

Welcher Kater kann nicht schnurren?

⭐ Finde die QUAR-TETT-WÖR-TER.

❗ SEN LEH KLAS RER : <u>KLAS</u> <u>SEN</u> <u>LEH</u> <u>RER</u> ✏️

KEN SA GUR LAT: _____

BRIL SON LE NEN: _____

BRAT TOF KAR FELN: _____

LA DE KO SCHO: _____

BER SCHREI GEL KU: _____

TRÄ SEN HO GER: _____

DEL PU ZE MÜT

der TER – MUS – KA – KEL

© verlag für pädagogische medien (vpm), 2010.

Jetzt du →

Viersilber sammeln

⭐ Sammle Quartettwörter.

❗ OS	TER	HA	SE

Verschiedene Sprachen sind erwünscht.

Welcher Knopf braucht kein Knopfloch?

★ Anfänger schreiben noch nicht alles so wie Profis, aber lesen kannst du es. Kannst du es auch „übersetzen"?

rosän sint rot
failchn sint blau
nimant istsoschön
wi du schöne frau

EILOFJU
ICH LIBE DICH

Der Schmettalink
Der Schmetterlink flikt durch die welda Manche Örder siend so schön das Der Schmettalink es nicht klauben kan

Ende   von Martina

_____
_____
_____
_____

❗ *Rosen*  _____

_____

_____

_____

★ Suche dir zwei Wörter von Martina aus. Setze die springenden Punkte. Überlege, wie sie sich helfen kann.

_____

© verlag für pädagogische medien (vpm), 2010.

der Druckknopf

Jetzt du →

Ein eigenes Gedicht

⭐ Hier ist Platz für dein Gedicht.

⭐ Schreibe 7 Wörter.

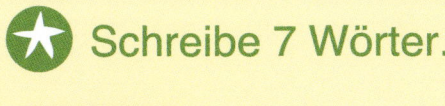 T ▢▢▢▢ ✓○○○○

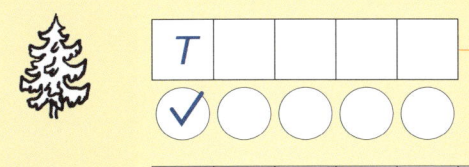 B ▢▢▢▢▢ ✓○○○○○

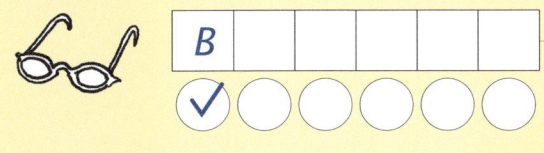 B ▢▢▢▢ ✓○○○○

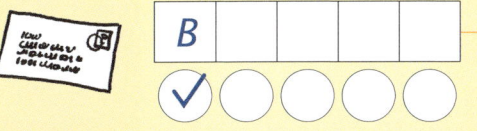 W ▢▢▢▢▢ ✓○○○○○

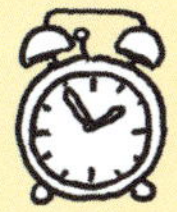

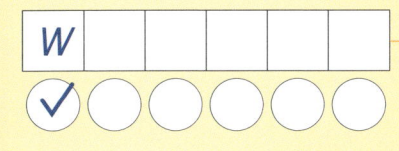 H ▢▢▢ ✓○○○

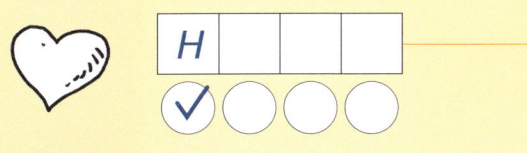 B ▢▢▢▢▢▢ ✓○○○○○○

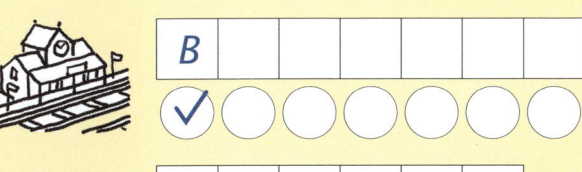 S ▢▢▢▢▢ ✓○○○○○

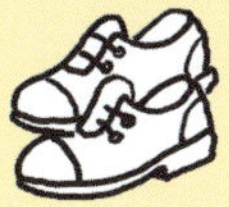

7 Wörter: ▢ Treffer

⭐ Schreibe 9 Tiernamen.

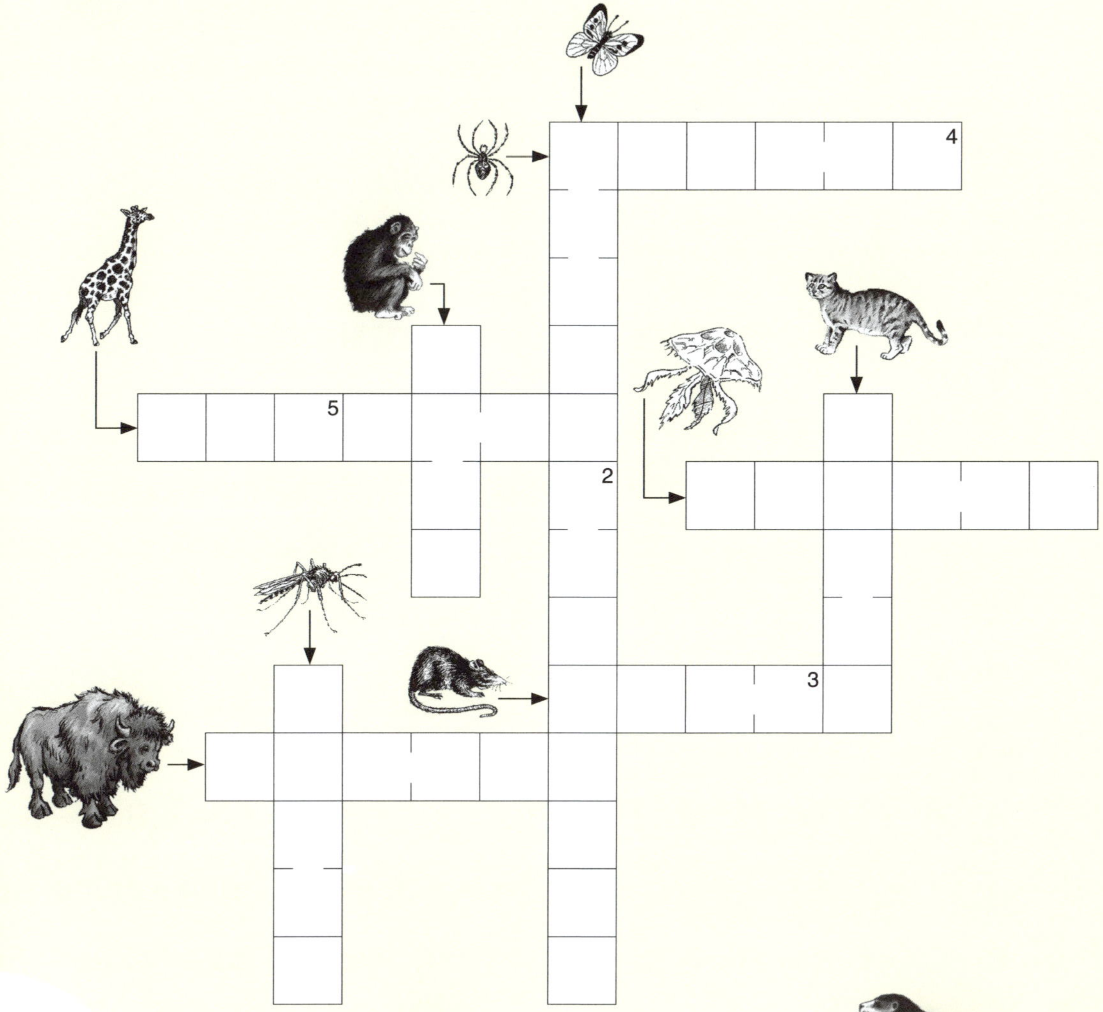

Lö O | | 2 | 3 | 4 | 5 |

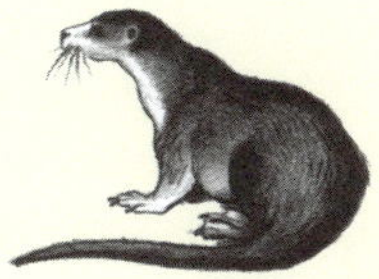

9 Wörter: ▢ Treffer

Lö Prüfe Buchstabe für Buchstabe.

die
T A N N E

die
B R I L L E

der
B R I E F

der
W E C K E R

das
H E R Z

der
B A H N H O F

die
S C H U H E

⭐ Vier grüne Aufgaben

A) Setze vor die Wörter **ST** oder **SP**. Was passt?

RAND : *der* _____

ORT : _____

REITEN : _____

EIN : _____

4 Wörter gesucht: ☐ Treffer

B) Setze einen Punkt unter den kurzen Selbstlaut und mache einen Strich unter den langen.

der Büffel

die Ziege

die Schafe

die Schnecke

Punkte und Striche
4 gesucht: ☐ Treffer

C) Finde den Odd-man.

Floh – Affe – Reh – Kuh

Fuchs – Hahn – Hund – Fink

Ball – Fall – Fehler – Fell

Zahl – Zelt – Mühle – Höhle

4 Odd-man gesucht: ☐ Treffer

D) Hier stimmt was nicht. Du weißt es besser.

der *Himel : _____

die *Kaze : _____

sie *spilen : _____

die *Spiene : _____

4 Wörter gesucht: ☐ Treffer

hier falten

Alle deine Treffer zusammen: ☐

m! Jetzt kommen die **blauen** Seiten mit m-Aufgaben. Ihr Zeichen sieht so aus:

M steht für **M**orphem. Das heißt Baustein. Wörter sind nämlich meist aus Bausteinen aufgebaut. Und um Wort-Bausteine geht es auf diesen **blauen** Seiten.

Der wichtigste Baustein ist der **Wort-Stamm**.

Viele Wörter bestehen aus nur **einem** Stamm.
Beispiele: Mund – Meer – blau.

Viele Wörter bestehen aus **zwei** Stämmen.
Beispiel: Spiel und Platz – Spielplatz.

 Es gibt auch Wörter mit **drei** Stämmen. **Beispiel:** Arm und Band und Uhr – die ⌞_____⌟ ⌞_____⌟ ⌞_____⌟

Auf den **blauen** Seiten zeigen dir die Aufgaben auch, warum es oft ein **ä** für einen *e*-Laut gibt.

ⓔ   ⓐ

Beispiel: die Wälder – der Wald.

Die **blauen** Aufgaben zeigen dir auch, warum man Wörter manchmal verlängert.

ⓣ   ⓓ

Beispiel: das Band – die Bänder.

Die Verlängerung zeigt uns, wie wir schreiben müssen.

Hättest du gewusst, dass man *Leute* und *heute* mit *eu* schreibt und *Bäume*, *Räume* und *Häute* mit *äu*?

Wer noch *Zeune, *Bletter und *bleulich schreibt und vielleicht auch noch *Fahrrat und *Walt, der sollte unbedingt die **blauen** Seiten bearbeiten.

Es geht also auf den folgenden Seiten um Bausteine, um das Verlängern, um Einzahl und Mehrzahl und um Wörter mit Punkten.

❗ Auf der Rückseite findest du wieder eine Übersicht: Sie zeigt alle **blauen** Seiten. Du kannst sie abhaken. Du kannst wieder ankreuzen, ob sie dir leicht oder schwer gefallen sind.

Pause!

Nomen in der Mehrzahl

Übungswörter mit -d

die Kinder

die Freunde

die Länder

die Räder

die Bilder

⚠️ der **Kinder**garten ✏️

die Schul

die Bundes

die Fahr

die Pass

hier falten

⭐ Trage die Übungswörter in das Kreuzworträtsel ein.

Siegen ist schön. Freunde zu haben ist schöner!

Lö B | 1 | 2 | 3 | 4 | 5 | 6 |

© verlag für pädagogische medien (vpm), 2010.

d oder t?

! _der Hel_ [d/t] : _Held_

das Lan [d/t] : _____

das Fes [d/t] : _____

das Schil [d/t] : _____

die Wurs [d/t] : _____

der Aben [d/t] : _____

 HELD/LAND/FEST/
SCHILD/WURST/ABEND

Einzahl

! _ein Kind_  _____

_____

_____

_____

_____

##

ein Kind   ⟶   _ein_ _____ _ind_

ein Freund   kein Reim _____

ein Land   _der_ _____

ein Rad   _das_ _____

ein Bild   _das_ _____

Reime

-d oder -t?

 Findest du die 8 Wörter von Seite 70?

S	U	O	P	S	V	M	Y	A	I
C	R	W	R	A	E	I	N	U	E
H	A	I	Ü	S	R	W	Q	S	C
U	O	N	E	I	B	C	S	L	B
L	D	D	A	L	B	M	R	Ä	N
D	H	I	O	T	C	N	P	N	K
I	S	G	U	W	H	Q	U	D	L
G	Y	T	R	S	A	N	D	I	G
W	Z	E	R	T	S	P	O	S	H
X	O	B	Ä	R	T	I	G	C	O
J	P	E	R	T	I	W	T	H	S
L	U	S	T	I	G	U	L	Q	N
K	Ü	S	H	U	E	Z	M	B	K
M	K	R	Ä	F	T	I	G	D	T
A	S	U	E	O	Ü	G	V	Ö	G
N	E	I	D	I	S	C	H	U	M

 **Welcher Buchstabe passt: d oder t?**

der **San**☐

der **Win**☐

der **Bar**☐

die **Schul**☐

der **Nei**☐

das **Auslan**☐

die **Lus**☐

die **Kraf**☐

hier falten

⭐ Kennzeichne die zweite Silbe.

! *san-dig*

windig

Lö ⭐ 6 x ig 2 x isch.

san	d	
win	d	
bär	t	
schul	d	
nei	d	
auslän	d	
lus	t	
kräf	t	

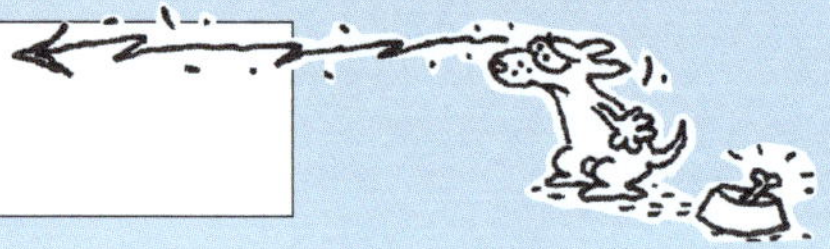

Wo er wohl herkommt?

Ein Wort – ein Stamm?

Das Wort *Zelt* besteht aus nur **einem** Stamm:
das ˌZeltˌ

⭐ Welches Wort hat auch nur einen Stamm?
Kreuze an.

! ◯ Rettungsturm   ⊗ Strand

◯ Sonnenschirm   ◯ Sommerzeit

Dieses Wort besteht aus **zwei** Stämmen:
das ˌBallˌspielˌ

⭐ Welches Wort hat auch zwei Stämme?
Kreuze an.

◯ Federballturnier   ◯ Hockey

◯ Tischtennis   ◯ Handballspiel

Dieses Wort besteht aus **drei** Stämmen:
das ˌFußˌballˌspielˌ

⭐ Welches Wort hat auch drei Stämme?
Kreuze an.

◯ Stabhochsprung   ◯ Speerwurf

◯ Dressurreiten   ◯ Marathonlauf

Und was ist mit Maulwurf?

⭐ Jetzt du:
Suche drei Wörter mit einem Stamm:

_____ _____ _____

Suche zwei Wörter mit zwei Stämmen:

_____ _____   _____ _____

Suche ein Wort mit drei Stämmen:

_____ _____ _____

der Wortstamm

Wortstämme zählen

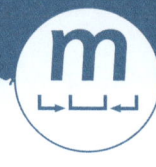

Zähle die Stämme.

!

Wurm	1
See stern	2
Wolf	
Faul tier	
Tanz maus	
Rabe	
Rot feuer fisch	
Rot fuß falke	
Frech dachs	
Blauwal	
Panzernashorn	
Stachelseestern	
Wildgans	

Setze die Unterzeichen unter die Stämme.

!

Ziege	1
Wald ohr eule	3
Goldfisch	2
Pudel	1
Breitmaulnashorn	4
Walross	2
Wanderratte	2
Kreuzotter	2
Maulwurf	
Goldhamster	
Maikäfer	
Maus	
Buntspecht	

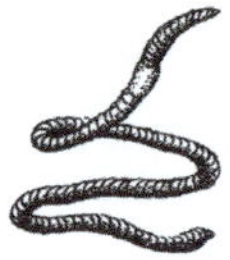

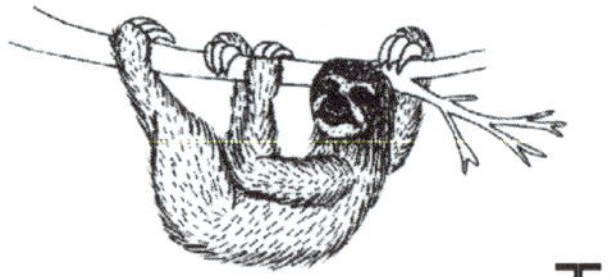

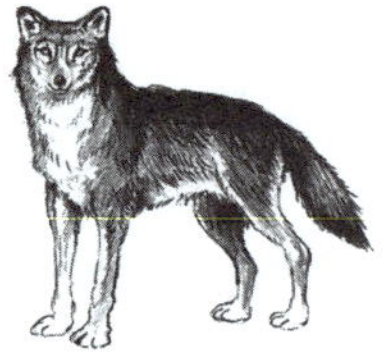

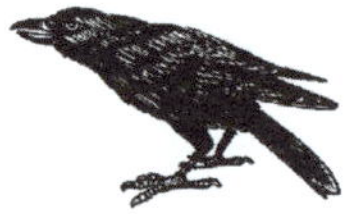

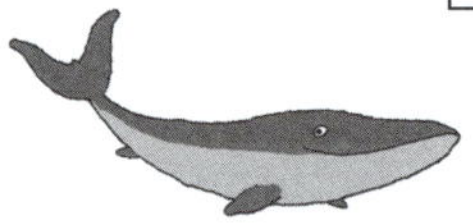

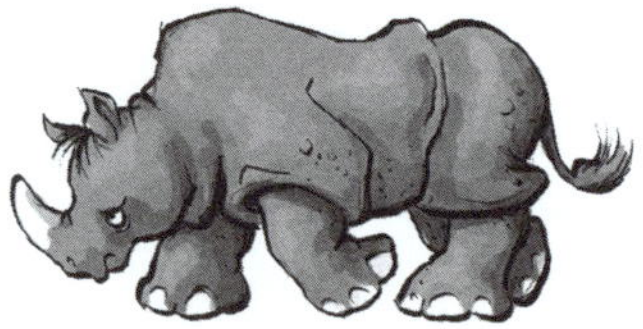

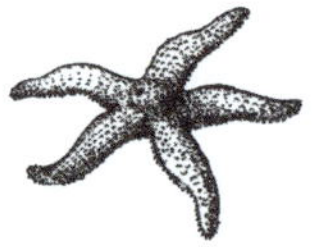

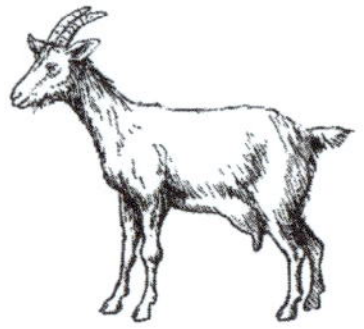

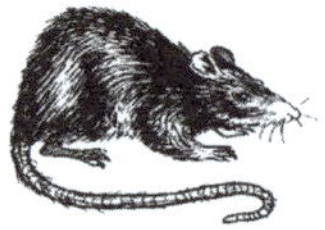

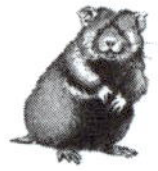

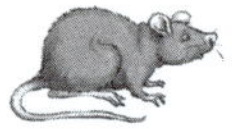

Welches Wort meint kein Tier? Male ein ☺ dahinter.

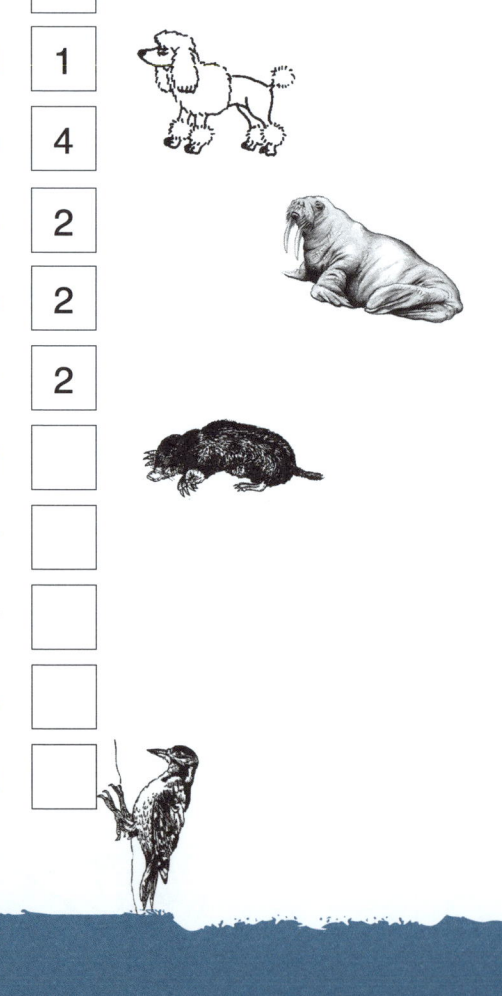

Einzahl und Mehrzahl

Welcher Tiername bleibt gleich?

⭐ Schreibe das andere Wort und kennzeichne den Stamm.

Tschilp!
Tschilp!
Tschilp!
Tschilp?
Tschilp!
Tschilp!

Einzahl	Mehrzahl
❗ der Spatz	die Spatzen
die Taube	die
	die Hunde
der Löwe	die
die Katze	
	die Schafe

Einzahl	Mehrzahl
❗ die Kuh	die Kühe
der	die Hähne
das Pferd	
	die Tiger
	die Giraffen
die Spinne	

⭐ Einer fällt heraus. Kreise ihn ein.

Fuchs	Bär	Tiger	Laus
Faultier	Biber	Ziege	Schwein

Ihr heißt wie ich!

⭐ Schreibe das andere Wort und kennzeichne den Stamm.

Einzahl	Mehrzahl	Einzahl	Mehrzahl
❗ der Spiegel	die Spiegel	❗ die Leiter	die Leitern
die Tube	die	das	die Geschenke
	die Nasen	der Tag	
der Kreis	die		die Nächte
das Loch			die Briefe
	die Wände	das Auge	

⭐ Einer fällt heraus. Kreise ihn ein.

Buch	Heft	Fehler	Stift
Gabel	Messer	Teller	Löffel

♂

 der Koch

 ♀ die Köchin

 der Bäcker

 die

 _____

 die Lehrerin

 der Sänger

 die

 der Maurer

 die

 der

 die Schneiderin

 der Fischer

 die

Damit fängt der Fischer Fische und die Spinne Fliegen.

⭐ Setze dieses Zeichen für den Stamm: ⌐___¬

❗ _Der Koch kocht und die Köchin kocht auch._

Der Maler malt. Malst du auch?

Die Malerin malt ein Bild.

Der Fischer fischt. Fischst du gern?

Die

Der Verkäufer verkauft Blumen.

Die

Der

Die Schneiderin schneidet.

Der Boxer

Die

_D_

Die Ringerin

⭐ DENK MAL: Was machen diese:
der Tischler, der Bettler,
der Maurer, die Gärtnerin?

Fischers Fritze fischt frische Fische.

Frische Fische fischt Fischers Fritze.

Was Kinder werden wollen

Gärtnerin   Karate-Kämpfer   Maler   Erzieherin   Sportlehrerin

Lehrer   Krankenschwester   Mechaniker

Welcher Name steht nicht im Klassenbuch?

⭐ Was möchten die Kinder werden?

Torsten möchte
Karate-Kämpfer werden.

Michael möchte

_____ werden.

Ayşe möchte _____

_____ werden.

Ramin möchte

_____ werden.

Janina möchte _____

werden.

Laura möchte

_____ werden.

Kevin möchte

_____ werden.

Kristin möchte _____

_____ werden.

der Spitzname

Jetzt du →

Männchen und Weibchen

 Findest du den Partner – die Partnerin?

 Für Profis:

Männchen	Weibchen
der Bär	– die Bärin 
der Hund	– die _____
_____	– die Füchsin
_____	– die Wölfin
der Löwe	– _____
der Esel	– _____
_____	– die Häsin
_____	– die Störchin
der _____ !	– die Katze

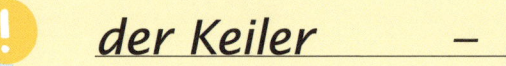

Männchen	Weibchen
der Keiler	– die Bache
der Hengst	– die _____
der Eber	– die _____
der Ziegenbock	– die _____
der Ganter	– die _____

Stute, Sau,
Ziege, Gans

Tiernamen:
links oder rechts?

Büffel  Pelikan Schmetterling Seepferdchen Papagei Eule Rotkehlchen Kamel

Tiger Ente Möwe Fledermaus Käfer Pinguin Hamster Katze Krokodil

Elefant Zaunkönig Spinne Ratte Schildkröte

Tiernamen mit zwei Silben

 Schreibe die Namen mit Silbenbögen.

! *der Büffel*

Tiernamen mit drei Silben

 Schreibe die Namen mit Silbenbögen.

! *das Rotkehlchen*

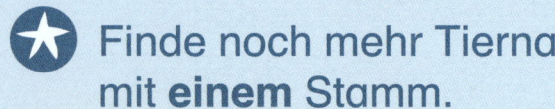

⭐ Finde noch mehr Tiernamen mit **einem** Stamm.

❗ *der Tiger*
der Hund

⭐ Finde noch mehr Tiernamen mit **zwei** Stämmen.

❗ *die Fledermaus*
die Lachmöwe

Wir-, Er- und Du-Form

⭐ Schreibe das andere Wort.
Kennzeichne den Stamm.

Wir-Form	Er-Form
wir sagen	er sagt
wir lesen	er liest
wir lachen	er
wir d	er denkt
wir spielen	er
wir malen	
wir	er erzählt
wir singen	sie
wir	er gräbt
wir	es

Hm...

Wir-Form	Du-Form
wir siegen	du siegst
wir turnen	du
wir	du schwimmst
wir	du tauchst
wir laufen	du
	du springst
wir zählen	

ZIEL

der Drahtesel

Hi!

Jetzt du →

Knackwürste
und Badehosen

⭐ Kannst du Würste knacken?

ich knacke Würste	ich bade Hosen
❗ du knackst Würste	du
er knackt	
wir	
ihr	
sie	

⭐ Probiere es mit: *Radiergummi* oder *Kochtöpfe* oder ...

Denk..
denk..
denk..

weiß   grün   gelb   rot   schwarz   golden

blau   rosa   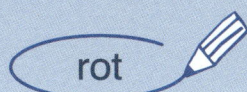   blau-rot   grün   weiß

 Ollis Pulli ist *rot*.

Ayşes Rock ist _____

mit _____ Punkten.

Jennys Hut ist _____

mit _____ Blume.

Robins Gürtel ist _____.

Mikes Schnorchel ist _____

Amirs Mütze ist

_____ gestreift.

Monas Haare sind _____.

Christians Pullover
hat drei Farben:

_____ , _____

und _____.

! Wenn ich denke, <u>denkt</u> er auch.

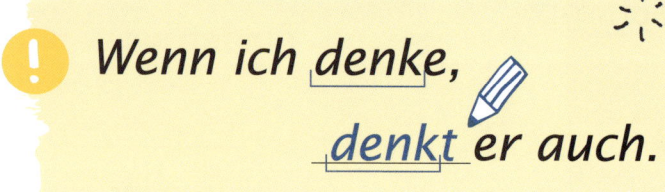

Wenn ich spiele,

_____ er auch.

Wenn ich schlafe,

_____ er auch.

Wenn ich springe,

_____ er auch.

Hmm ... mein lieber süßer Kuschelknochen...

Wenn ich schmuse,

_____ er auch.

Wenn ich fernsehe,

_____ er auch _____.

Wenn ich stehe,

_____ er auch.

Ich mag meinen _____.

★ Schreibe 7 Wörter.

 H ☐ ☐ ☐
✓ ○ ○ ○

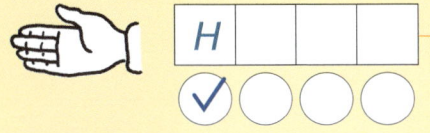 H ☐ ☐ ☐ ☐ ☐
✓ ○ ○ ○ ○ ○

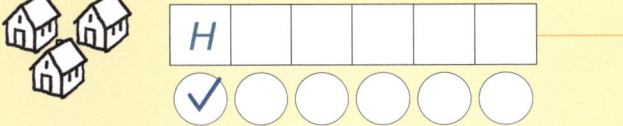 F ☐ ☐ ☐ ☐ ☐
✓ ○ ○ ○ ○ ○

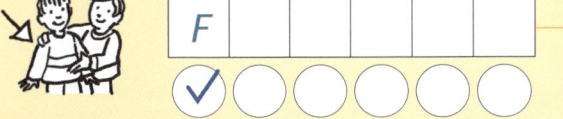 M ☐ ☐ ☐ ☐ ☐ ☐
✓ ○ ○ ○ ○ ○ ○ ○

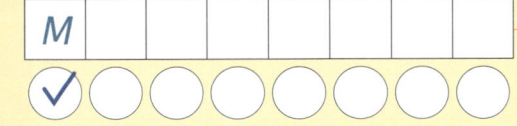 K ☐ ☐ ☐
✓ ○ ○ ○

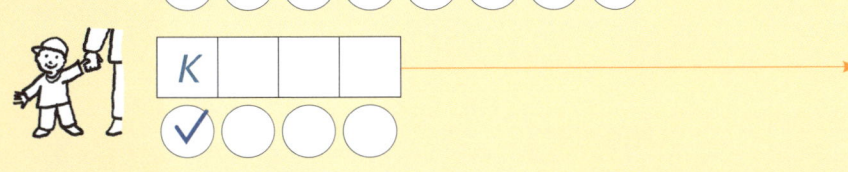 S ☐ ☐ ☐ ☐ ☐
✓ ○ ○ ○ ○ ○

 J ☐ ☐ ☐ ☐ ☐
✓ ○ ○ ○ ○

7 Wörter: ☐ Treffer

★ Schreibe 9 Tiernamen.

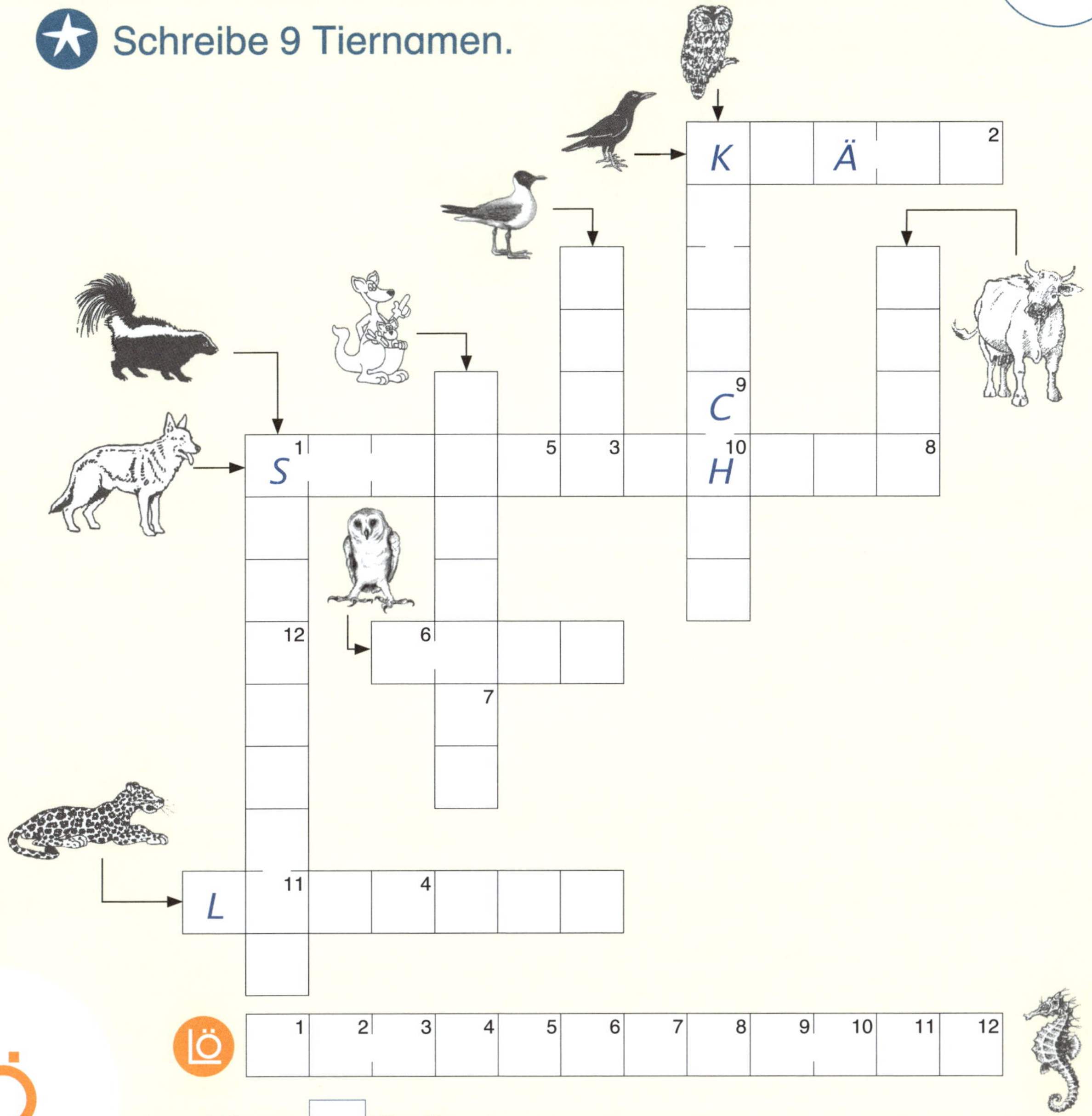

K Ä ☐ ☐ 2

S 1 ☐ ☐ ☐ ☐ 5 3 C 9 H 10 8

12 6 7

L 11 4

Lö | 1 | 2 | 3 | 4 | 5 | 6 | 7 | 8 | 9 | 10 | 11 | 12 |

9 Wörter: ☐ Treffer

Prüfe Buchstabe für Buchstabe.

die
H	A	N	D

die
H	Ä	U	S	E	R

der
F	R	E	U	N	D

das
M	O	T	O	R	R	A	D

das
K	I	N	D

das
S	C	H	I	L	D

der
J	Ä	G	E	R

★ Vier blaue Aufgaben

A) Welcher Buchstabe passt? Schreibe das Wort.

das Ba [t/d] : _____

die Bur [k/g] : _____

das Blu [t/d] : _____

der Ber [k/g] : _____

4 Wörter gesucht: ☐ Treffer

B) e/eu oder a/äu? Schreibe die Wörter.

die H [eu/äu] ser: _____

die Z [eu/äu] ne: _____

die Tr [e/ä] nen: _____

die Tr [eu/äu] me: _____

4 gesucht: ☐ Treffer

C) Finde den Odd-man. Denke an den Wortstamm.

Gold – Silber – Sandstrand – Eisen

Apfel – Nuss – Kirsche – Erdbeere

hellblau – grün – blau – rosa

Zeiger – Taschenuhr – Wecker – Ziffer

4 Odd-man gesucht: ☐ Treffer

D) Kreuze an: Welche Wörter passen in diese Unterzeichen?

	ja	nein
Tennis	☐	☐
Fußball	☐	☐
Turnschuh	☐	☐
Sport	☐	☐
Ballspiel	☐	☐
Endspiel	☐	☐

4 Wörter gesucht: ☐ Treffer

hier falten

Alle deine Treffer zusammen: ☐